ADI BLACHUT

Hohenlohe

ADI BLACHUT

Hohenlohe

Eine Landschaft zum Verlieben

A landscape to fall in love with

GMEINER

Für die Zustimmung zur Veröffentlichung seiner Bilder dankt Fotograf Adi Blachut herzlich allen Inhabern von befriedetem Besitz und Hausrecht.

Besuchen Sie uns im Internet:
www.gmeiner-verlag.de

Im Ehnried 5, 88605 Meßkirch
Telefon 07575 / 2095-0
info@gmeiner-verlag.de

1. Auflage 2024

Lektorat / Redaktion: Anja Sandmann
Layout & Gestaltung: Veronika Buck
Umschlaggestaltung mit Fotos von:
© Adi Blachut
Übersetzungen: www.toptranslation.de
Druck: Florjančič tisk d.o.o., Maribor
Printed in Slovenia
ISBN: 978-3-8392-0571-6

ADI BLACHUT

Jahrgang 1956, in Michelbach am Wald geboren, lebt und arbeitet in Öhringen. Der Architektur- und Landschaftsfotograf entdeckt seine Motive auf allen sieben Kontinenten. Seit vielen Jahren ist er zudem als Reiseleiter für Hurtigruten unterwegs, was ihm die Möglichkeit bietet, regelmäßig unvergleichliche Shooting-Locations wie die Kaltwasserregionen Arktis und Antarktis zu fotografieren.
www.sblachut.de

Adi Blachut, born in Michelbach am Wald in 1956, lives and works in Öhringen. The architecture and landscape photographer finds his inspiration on all seven continents. He has also been travelling as a tour guide for Hurtigruten for many years, which gives him the opportunity to photograph incomparable shooting locations such as the cold-water regions of the Arctic and Antarctic on a regular basis.
www.sblachut.de

INHALT

CONTENT

VORWORT

IAN SCHÖLZEL / *Landrat Hohenlohekreis*

Nicht nur als Landrat, sondern auch als bekennender Freund der Region freut es mich sehr, dass ein neuer Bildband über unser liebenswertes Hohenlohe entstanden ist. Beim Durchblättern dieses Buches tauchen Sie in eine zauberhafte Gegend mit vielen Facetten ein. Mit viel Liebe zum Detail hat Adi Blachut das Besondere hervorgehoben. Die beeindruckenden Bildmotive sind der Ausdruck der tiefen Verbundenheit des Fotografen mit seiner Heimat.

Zu finden sind malerische Dörfer, prächtige Schlösser und Monumente neben einer lebendigen Kultur. Entdecken Sie außerdem mittelalterlich geprägte Stadtkerne mit ihrem ganz besonderen Charme. Eine lange kulturelle Geschichte offenbart sich an den Flüssen Kocher, Jagst und Tauber sowie deren Seitentälern. Sanfte Hochflächen mit üppigen Wiesen und Wäldern wechseln sich mit sonnigen Rebhängen und gepflegten Streuobstwiesen ab. Für das Naturerlebnis gibt es ein vielfältiges Netzwerk an Radwegen und Wandertouren. Die Region ist zudem bekannt für ihre Küche mit hochwertigen regionalen Produkten. Ich lade Sie ein, die Erzeuger direkt in ihren Hofläden zu besuchen und sich vor Ort von deren ausgezeichneten Produkten zu überzeugen. Einheimische und Gäste sind zudem begeistert von den hochkarätigen Kulturangeboten. Festivals wie der Hohenloher Kultursommer, Open-Air-Konzerte oder traditionelle Feste – für jeden Geschmack ist das Passende dabei.

Voller Stolz zeigen die Menschen, dass sie gerne hier leben, und die Unternehmen, dass sie hier verwurzelt sind. Die starke Wirtschaftskraft wurde von mutigen Existenzgründern und innovativen Betrieben geschaffen, die Hohenlohe bis heute zu einem dynamischen Wirtschaftsstandort mit einer hohen Dichte an Weltmarktführern machen.

Eduard Mörike brachte es schon zu seinen Zeiten zutreffend zum Ausdruck: »Hohenlohe ist eine besonders zärtlich ausgeformte Hand voll Deutschland«. Diesem Zitat kann ich nur zustimmen. Als Landrat des Hohenlohekreises darf ich diese wunderschönen Orte selbst erkunden und die Vielfalt genießen. Dieser Bildband soll dazu beitragen, die Schätze unserer Region nicht nur den Bürgerinnen und Bürgern, sondern einem breiten Publikum zugänglich zu machen.

Ich wünsche Ihnen viel Freude mit diesem Bildband und lade Sie herzlich ein, sich von der Schönheit der Fotos zu einem Besuch unserer Region inspirieren zu lassen.

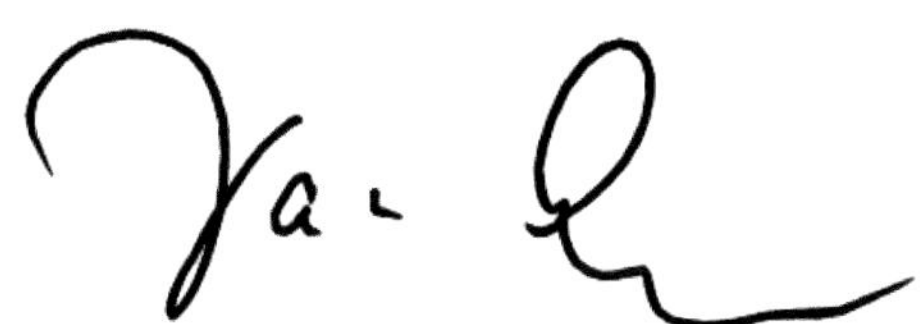

PREFACE

IAN SCHÖLZEL / *District Administrator of Hohenlohe*

Welcome to Hohenlohe!

As not just the District Administrator, but also a self-confessed friend of the region, I am excited that a photo book of our charming Hohenlohe has been created. By flicking through the pages of this book, you will dive into an enchanting region with many facets. Adi Blachut has emphasised the special features with great attention to detail. The impressive images are an expression of the photographer's deep attachment to his homeland.

You will find picturesque villages, magnificent castles and monuments alongside a vibrant culture. You can also discover medieval town centres with their very own special charm. A long cultural history is revealed along the Kocher, Jagst and Tauber rivers and their tributary valleys. Gentle plateaus with lush meadows and forests intertwine with sunny vineyards and well-tended orchards. There is a diverse network of cycle paths and hiking routes to experience the nature. The region is known for its cuisine with high-quality regional products. I invite you to visit the producers directly in their farm shops and experience their excellent products. Locals and guests are also enthusiastic about the high-calibre cultural offerings. Festivals such as the Hohenlohe Kultursommer programme, open-air concerts or traditional celebrations – there is something for every taste.

The people here are proud to show that they enjoy living here, and the companies are proud to be rooted here. The strong economic power was created by courageous business founders and innovative companies, which to this day make Hohenlohe a dynamic business location with a high density of world market leaders.

Eduard Mörike expressed it accurately in his day: »Hohenlohe is a particularly tenderly moulded handful of Germany« I couldn't agree more with this quote. As District Administrator of Hohenlohe, I am able to explore these wonderful places myself and enjoy the sheer variety. This photo book should help to make the treasures of our region accessible, not only to the people living here but also to a wider audience.

I hope you enjoy this photo book and invite you to let the beauty of the photos inspire you to visit our region.

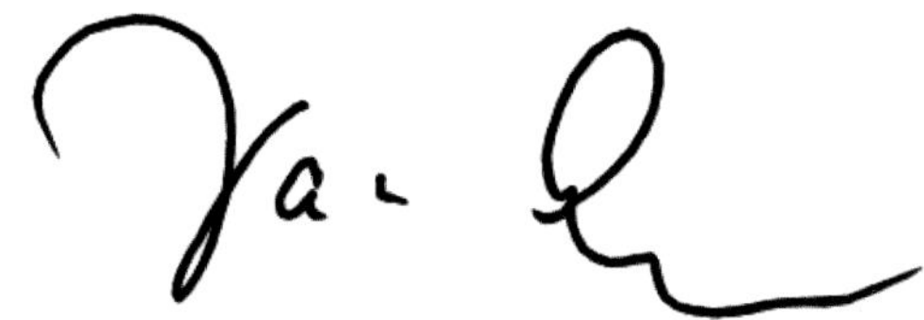

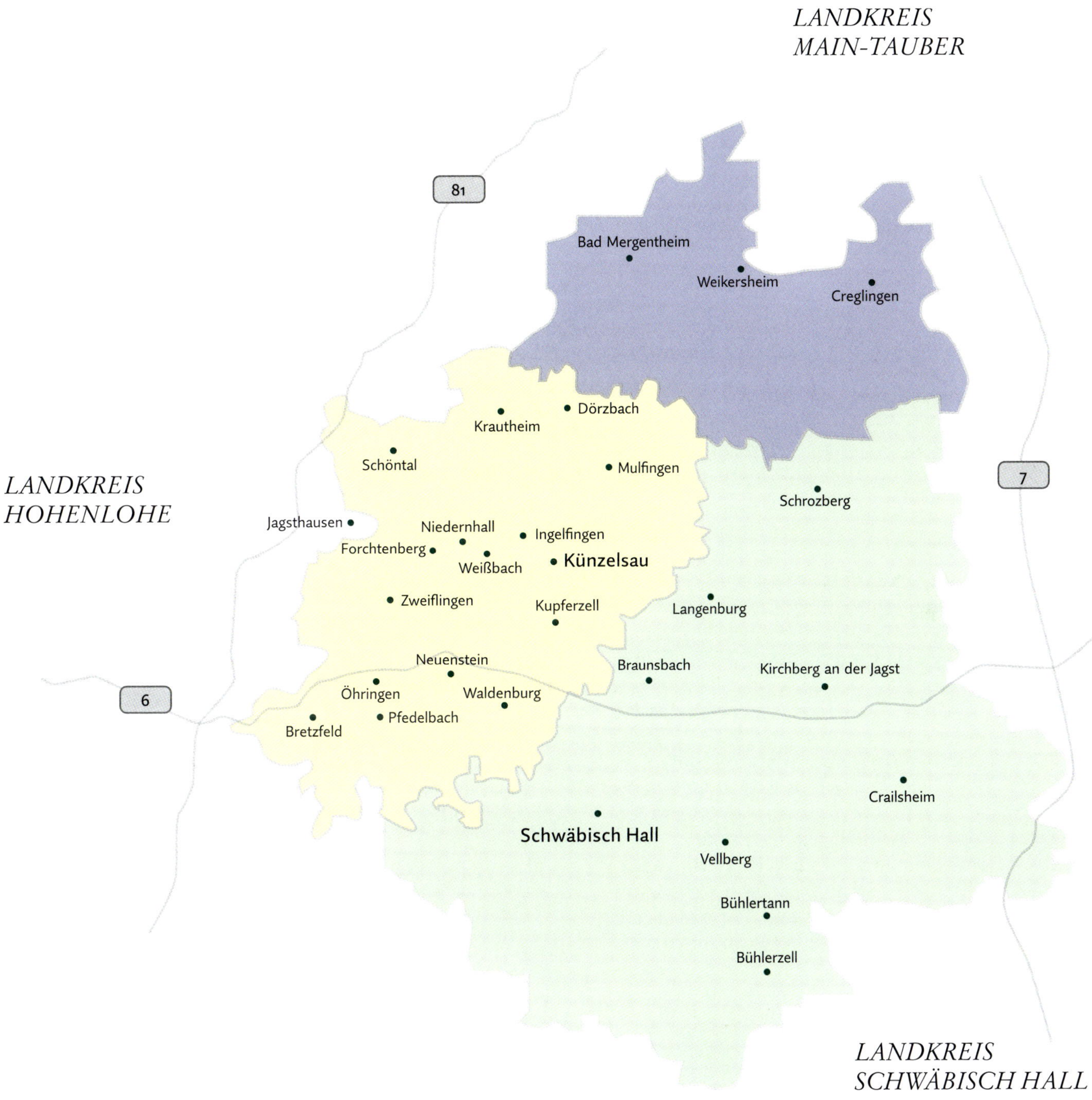
LANDKREIS
MAIN-TAUBER
81
Bad Mergentheim
Weikersheim
Creglingen
Dörzbach
Krautheim
Schöntal
Mulfingen
7
LANDKREIS
HOHENLOHE
Schrozberg
Jagsthausen
Niedernhall
Ingelfingen
Forchtenberg
Weißbach
Künzelsau
Zweiflingen
Kupferzell
Langenburg
Neuenstein
Braunsbach
Kirchberg an der Jagst
6
Öhringen
Waldenburg
Bretzfeld
Pfedelbach
Crailsheim
Schwäbisch Hall
Vellberg
Bühlertann
Bühlerzell
LANDKREIS
SCHWÄBISCH HALL

LANDKREIS HOHENLOHE

Hohenlohe district

Burg Maienfels / *Maienfels Castle*

Rapsfeld im Frühling / *Rape fields in spring*

Stadtzentrum Pfedelbach / *Pfedelbach town centre*

RECHTS / RIGHT:
Schloss Pfedelbach / Trauzimmer im Schloss Pfedelbach
Pfedelbach Castle / Wedding chapel in Pfedelbach Castle

Weinhänge im Herbst / *Vineyards in autumn*

Fürstenfass im Weinbaumuseum /
Winzer bei der Rebenpflege / Apfelplantage

Fürstenfass barrel in the viticulture museum /
Winegrower tending the vines / Apple plantation

Limesaussichtsplattform mit Blick über die Hohenloher Ebene
Limes viewing platform with a view over the Hohenlohe plain

Lustschlösschen Charlottenberg / *Charlottenberg Chateau*

Stadt Waldenburg, der »Balkon Hohenlohes« / *Town of Waldenburg, the »Balcony of Hohenlohe«*

Männlesturm von Schloss Waldenburg (links) und Lachnersturm (rechts) / Ortsdurchfahrt / Mainzer Tor mit Phönixbrunnen / Battery Tower (links) und Lachnersturm

The Waldenburg Castle Keep (left) and the Lachner tower (right) / Main street / Mainzer Tor hotel and cafe with phoenix fountain / Battery Tower (left) and the Lachner tower

Schloss Waldenburg / *Waldenburg Castle*

Schloss und Stadt Waldenburg / *Waldenburg Castle and town*

Neumühlsee / *Lake Neumühl*

Residenzschloss Kupferzell / *Kupferzell Residential Palace*

Schloss Neuenstein
Neuenstein Castle

Altstadt Öhringen mit Marktplatz und Schloss / *Öhringen old town with market place and castle*

Oberes Tor / Marktplatz / Stadtmauer / Gelbes Schlösschen

Upper town gate / Market place / Town wall / Yellow Castle

Turmbläser / Stiftskirche / Rathaus (links) und Stiftskirche / Kirchenchor der Stiftskirche

Tower trumpeter / Collegiate church / Town hall (left) and collegiate church / Collegiate church choir

Hofgarten mit Hoftheater / *Courtyard garden with Courtyard Theatre*

Aussichtsplattform Limes-Blick / Eckartsweiler Platzhof
Limes viewing platform / Hamlet in Eckartsweiler

Weingut Fürst Hohenlohe Öhringen / Rebanlage

Fürst Hohenlohe Öhringen Winery / Vineyards

Mohnfeld / *Poppy field*

Evangelische Kirche Möglingen am Kocher / *Evangelical church in Möglingen on the Kocher*

Hohenloh'sches Jagdschloss Friedrichsruhe / *Hohenlohe's Friedrichsruhe Hunting Lodge*

Schlosshotel Friedrichsruhe, Golfplatz und Parkanlage / *Schlosshotel Friedrichsruhe, golf course and park*

Allee zum Schlosshotel Friedrichsruhe / *Avenue to Schlosshotel Friedrichsruhe*

Schlossbrunnen im Garten des Schlosshotels / *Fountain in the gardens of Schlosshotel Friedrichsruhe*

Obergermanisch-Raetischer Limes / *Upper Germanic-Rhaetian Limes*

Götzenhaus (links) und Laurentiuskirche (dahinter) am Kocher / Stadtverwaltung im Rathausgässle / Blick von Niedernhall Richtung Künzelsau-Nagelsberg

Götzenhaus (left) und Laurentius Church (behind) on the Kocher / City administration in the Rathausgässle alley / View from Niedernhall in the direction of Nagelsberg in Künzelsau

Scheuerle / Johanneskirche / Ganerbenplatz
Scheuerle, historical timbered / St. John's church / Ganerben Square

RECHTS / RIGHT:
Altes Rathaus, Südseite
Old Town Hall, southern side

Schloss Bartenau, heute Gymnasium / Carmen Würth Forum, Kongresszentrum / Museum Würth 2
Bartenau Castle, now a grammar school / Carmen Würth Forum, congress centre / Museum Würth 2

Ortsansicht Kocherstetten / *View of Kocherstetten*

Kochertal, Blick von Ingelfingen Richtung Künzelsau / Burgruine Lichteneck, ehemalige Höhenburg / Ingelfinger Fass, zweitgrößtes Holzfass Europas

Kocher Valley, view from Ingelfingen in the direction of Künzelsau / Lichteneck castle ruins, former mountain castle / Ingelfingen barrel, second biggest wooden barrel in Europe

Schwarzer Hof, früher Adelspalais, heute Kulturzentrum / *The Black Court, formerly an aristocratic palace, now a cultural centre*

Lok7119, Restaurant / *Lok7119 restaurant*

Teehaus,
ein Kleinod
im ehemaligen
Amtsgarten / *Tea house, a gem in the former Amtsgarten*

Am Mühlkanal
On the Mühlkanal

Schloss Rossach, Gutshofanlage mit mehreren Fachwerkbauten / *Rossach Castle, estate with several timbered buildings*

LINKS / LEFT:
Burg Jagsthausen, auch Götzenburg genannt, Ort der alljährlichen Burgfestspiele Jagsthausen / Zufahrt / Innenhof
Jagsthausen Castle, also known as Götzenburg, venue of the annual Jagsthausen Castle Festival / Entrance / Inner courtyard

Kloster Schöntal, Blick über den früheren Klostergarten zu Wirtschaftsgebäuden und Kirche
Schöntal Monastery, view across the former monastery garden to the farm buildings and church

Kloster Schöntal, Abtei und Barockkirche (rechts) / *Schöntal Monastery, Abbey and Baroque Church (right)*

Burg und Schloss Aschhausen mit Wirtschaftsgebäuden / *Aschhausen Castle and Palace with farm buildings*

Wallfahrtskapelle Neusaß, Jugendstilaltar / *Neusass pilgrimage chapel, art nouveau altar*

Wehr Berlichingen
Berlichingen weir

Burg Krautheim / *Krautheim Castle*

Schloss Eyb, Ort der alljährlichen Schubertiade / *Eyb Castle, venue of the annual Schubertiade*

Jüdischer Friedhof / *Jewish cemetry*

Jagstmühle, geschichtsträchtige Mühle, heute Hotel und Restaurant / *Jagstmühle, historic mill, now a hotel and restaurant*

LANDKREIS MAIN-TAUBER

Main-Tauber district

Marktplatz und Münster St. Johannes / *Market place and St. John's Cathedral*

RECHTS / RIGHT:

Residenzschloss Mergentheim, ehemaliger Sitz des Deutschen Ordens / Wappen am Eingang / Zufahrt

Mergentheim Residential Palace, former seat of the Teutonic Order / Crest at the entrance / Entrance

Schloss Weikersheim, Herkulesbrunnen / *Weikersheim Palace, Hercules fountain*

Schlossgarten Weikersheim, Orangerie & Sandsteinfigur
Weikersheim Palace, Orangerie and sandstone statue

MUSEUM
Eiscafé-Sicilia

Romschlössle / *Romschlössle*

LINKS / LEFT:

Marktplatz und Turm der Schlosskirche / Gänsturm, Torturm der mittelalterlichen Stadtbefestigung / Marktplatz mit Rokoko-Brunnen und dahinter das Tauberländer Dorfmuseum

Market place and the castle's church steeple / Goose Tower, gate tower of the medieval town fortifications / Market place with rococo style fountain and the Tauberland city museum

LANDKREIS SCHWÄBISCH HALL

Schwäbisch Hall district

Raumausstattung GÜNTER

Schloss Bartenstein / *Bartenstein Castle*

Schloss Bartenstein, Innenhof / *Bartenstein Castle, inner courtyard*

Café-Ausleger mit Langenburger Traditionsgebäck / *Cafe sign with traditional Langenburg pastries*

Blick durch das Stadttor Richtung Schloss / *View through the town gate towards the castle*

Stadtkirche und Stadttor / *Town church and town gate*

Schloss Langenburg mit Brücke über dem Halsgraben / *Langenburg Castle with bridge over the moat*

Schloss Langenburg, Renaissance-Innenhof / *Langenburg Castle, renaissance-style inner courtyard*

Archenbrücke, gedeckte Holzbrücke über der Jagst / *Archenbrücke, covered bridge over the Jagst*

Kirchberg an der Jagst mit Stadtturm und Schloss Kirchberg (rechts)
Kirchberg an der Jagst with town tower and Kirchberg Castle (right)

Blick über die Jagst auf den Zeughausturm / *View over the Jagst to the armoury tower*

RECHTS / RIGHT:

Liebfrauenkapelle (links) und Rathaus / Villa auf dem Kreckelberg / Zeughausturm / Stadtmauer mit Diebesturm

Chapel of Our Lady (left) and town hall / Villa on Kreckelberg / Armoury tower / Town wall with thieves' tower

Roßbergkreuz mit Blick über das Bühlertal / Lourdesgrotte auf dem Roßberg / Tannenburg
Rossberg cross with a view over the Bühlertal Valley / Lourdes grotto on the Rossberg /Tannenburg

RECHTS / RIGHT:
Ganerbenhaus am Stadtgarten / Altes Amtshaus am Stadtgarten
Ganerbenhaus in the town garden / Old Amtshaus in the town garden

Stadtbefestigung mit Stadttorturm (links) / *City fortifications with town gate tower (left)*

Unteres Schloss mit Staffelgiebel / *Lower castle with steeped gable*

Teil des Skulpturenweges Vellberg: Bronzegussfigur »Die Sinnende« vor der Eingangstür des Alten Amtshauses
Part of the Vellberg sculpture trail: Bronze figure »The Pensive« in front of the entrance door of the old Amtshaus

Schloss Döttingen / *Döttingen Castle*

Altes Rathaus (Mitte), auf den Ruinen einer Klosterkirche erbaut, und Widmanhaus (ganz links)
Old town hall (centre), built on the ruins of a minster, Widmanhaus (far left)

KAUFHAUS WOHA

LINKS / LEFT:

Kirche St. Michael mit der Großen Treppe, auf der die Freilichtspiele Schwäbisch Hall stattfinden / Mauerstraße am Kocher mit Rotstegturm (links) und dem Roten Steg (ganz links) / Henkersbrücke mit ehemaligem Henkerhaus (Mitte)

St. Michael's Church with the Grand Staircase, venue of the Schwäbisch Hall open-air theatre / Mauerstraße on the Kocher with Rotsteg tower (left) and Rote Steg (far left) / Hangman's bridge with former hangman's house (centre)

Diebesturm am Froschgraben / *Thieves' tower on Froschgraben street*

Stadtmauer mit historischen Fachwerkhäusern / *City wall with historical timbered houses*

Kunsthalle Würth / *Kunsthalle Würth*

Kloster Großcomburg, ehemalige Kirchen- und Klosteranlage mit Ringmauer und Wehrgang
Grosscomburg Monastery, former church and monastery complex with curtain wall and battlements

Kloster Großcomburg, Innenhof

Grosscomburg Monastery, inner courtyard

Barocke Stiftskirche St. Nikolaus mit dem Comburger Radleuchter

Baroque Collegiate Church of St. Nicholas with Comburg wheel chandelier

Hohenloher Freilandmuseum, Bauernhaus aus Käsbach / Seldnerhaus / Armenhaus mit Backhäuschen / Mühlenensemble aus Weipertshofen

Open-air museum Hohenlohe, Bauernhaus from Käsbach / Historical dwelling / lmshouse with bakehouse / Mill complex from Weipertshofen

Bauernhaus aus Elzhausen / *Farmhouse from Elzhausen*